AF372682

HOTEL DROUOT, SALLE N° 10

VENTE DU JEUDI 8 DÉCEMBRE 1892

CATALOGUE

DE SOIXANTE-DOUZE

Aquarelles & Dessins

DE

ADRIEN MOREAU

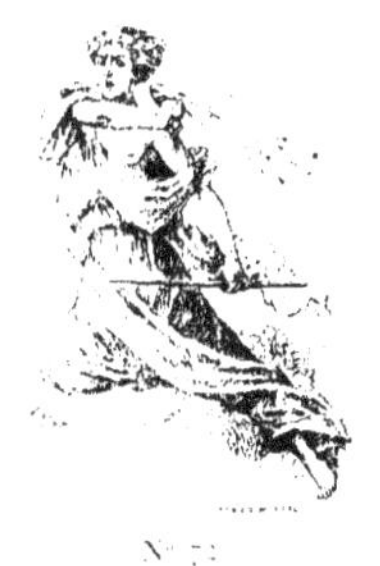

N° 72

EXPOSITIONS

PARTICULIÈRE	PUBLIQUE
Le Mercredi 7 Décembre 1892	Le Jeudi 8 Décembre, jour de la vente
DE 1 HEURE ET DEMIE A 5 HEURES ET DEMIE	DE 1 HEURE ET DEMIE A 3 HEURES

Aquarelles & Dessins

DE

ADRIEN MOREAU

CONDITIONS DE LA VENTE

Elle sera faite au comptant.

Les acquéreurs paieront cinq pour cent en sus des enchères.

L'acquisition des Dessins et Aquarelles de M. ADRIEN MOREAU ne confère pas à l'acheteur les droits de reproduction qui restent la propriété exclusive de M. G. BOUDET, éditeur de l'édition illustrée de *Candide* par Voltaire.

CATALOGUE

DES

Aquarelles & Dessins

DE

ADRIEN MOREAU

AYANT SERVI A ILLUSTRER L'OUVRAGE

Candide

DONT LA VENTE AUX ENCHÈRES PUBLIQUES AURA LIEU

HOTEL DROUOT, SALLE N° 10

Le Jeudi 8 Décembre 1892, à 3 heures très précises

++++++++++

EXPOSITIONS

PARTICULIÈRE : Le Mercredi 7 Décembre 1892, de 1 h. 1 2 à 5 h. 1 2
PUBLIQUE :   Le jour de la vente de 1 heure 1 2 à 3 heures

++++++++++

COMMISSAIRE-PRISEUR :	EXPERT :
Mᵉ LÉON TUAL	M. EUG. FÉRAL, peintre
50, Rue de la Victoire, 50	54, Rue du Faubourg-Montmartre, 54

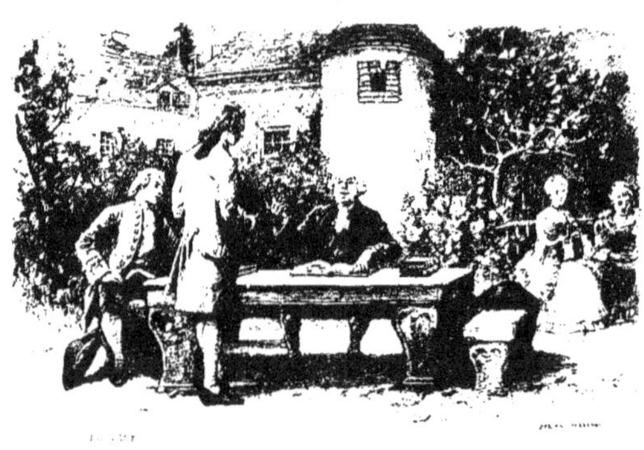

Aquarelles

Hauteur : 27 centimètres. — Largeur : 18 centimètres

1. *Candide embrasse Cunégonde.*

Cunégonde et Candide se trouvèrent derrière un paravent ; Cunégonde laissa tomber son mouchoir, Candide le ramassa... elle lui prit innocemment la main, leurs bouches se rencontrèrent, leurs yeux s'enflammèrent, leurs genoux tremblèrent, leurs mains s'égarèrent.

2. *Le tremblement de terre de Lisbonne.*

Quelques éclats de pierre avaient blessé Candide ; il était étendu dans la rue et couvert de débris. Il disait à Pangloss : « Hélas ! procure-moi un peu de vin et d'huile ; je me meurs. »

3. Cunégonde et le soldat bulgare.

« Je repris mes sens, je criai, j me débattis, je mordis, j'égra-
tignai, je voulais arracher les yeux à ce grand Bulgare. »

4. La toilette de la jeune princesse.

« Les femmes qui m'habillaient et qui me déshabillaient tom-
baient en extase en me regardant par devant et par derrière. »

**5. Déclaration du gouverneur de Buenos-Ayres à
   Cunégonde.**

Le gouverneur demeura avec Mlle Cunégonde. Il lui déclara sa
passion, lui protesta que le lendemain il l'épouserait à la face de
l'Église, ou autrement, ainsi qu'il plairait à ses charmes.

6. Au pays des Oreillons.

Ces clameurs partaient de deux filles toutes nues qui couraient
légèrement au bord de la prairie, tandis que deux singes les sui-
vaient en leur mordant les fesses.

7. Un diner dans l'Eldorado.

Candide se mit à table entre sa majesté, son valet Cacambo et
plusieurs dames. Jamais on ne fit meilleure chère.

8. La jarretière de la marquise.

« Je veux que vous ramassiez ma jarretière. — De tout mon
cœur », dit Candide. Et il la ramassa. « Mais je veux que vous
me la remettiez », dit la dame. Et Candide la lui remit.

9. *Paquette et frère Giroflée.*

Candide aperçut un jeune théatin dans la place Saint-Marc, qui
tenait sous le bras une fille. Le théatin paraissait frais, potelé,
vigoureux ; ses yeux étaient brillants, son air assuré, sa mine
haute, sa démarche fière. La fille était très jolie et chantait.

10. *Pangloss dans la mosquée.*

« Un jour il me prit fantaisie d'entrer dans une mosquée : il n'y
avait qu'un vieux iman et une jeune dévote très jolie qui disait ses
patenôtres ; elle laissa tomber son bouquet ; je le ramassai, et je
le lui remis avec un empressement très respectueux. »

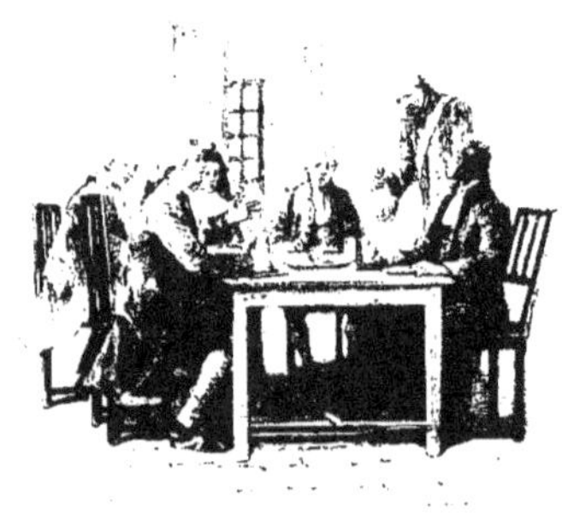

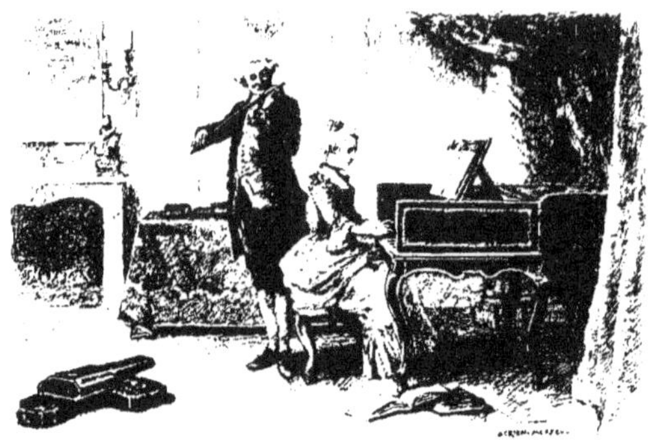

Dessins

A LA PLUME ET AU LAVIS

Hauteur 11 centimètres 50. Largeur 17 centimètres

11. Portrait de Voltaire, d'après une estampe de Dominique-
     Vivant Denon.

12. Pangloss était l'oracle de la maison et Candide écoutait
     ses leçons avec toute la bonne foi de son âge et de son
     caractère.

13. Candide se coucha sans souper au milieu des champs entre
     deux sillons; la neige tombait à gros flocons

14. Candide se cacha du mieux qu'il put, pendant cette boucherie
     héroïque.

15. Candide effrayé recule. « Hélas! dit le misérable, ne reconnaissez-vous plus votre cher Pangloss? »

16. La moitié des passagers, affaiblis, n'avait pas même la force de s'inquiéter du danger.

17. Ils furent tous deux revêtus d'un san-benito, et on orna leurs têtes de mitres en papier. Ils marchèrent en procession ainsi vêtus.

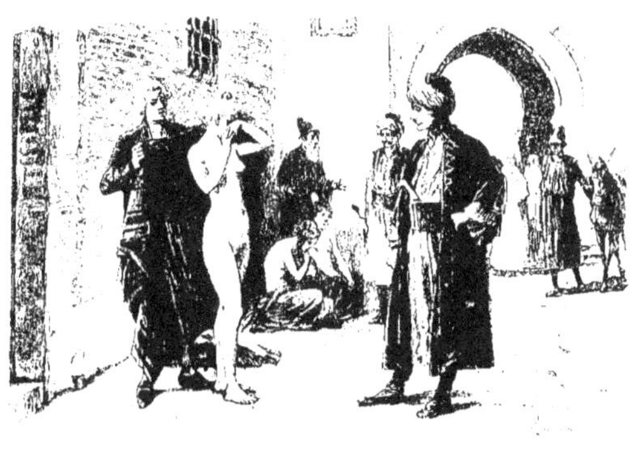

18. La vieille visite son dos, le frotte elle-même d'une pommade.

19. « J'étais dans mon lit, quand il plut au ciel d'envoyer les Bulgares dans notre beau château. »

20. Il perce l'inquisiteur d'outre en outre et le jette à côté du juif.

21. Un prieur des Bénédictins acheta le cheval à bon marché.

22. « Je croissais en beauté, en grâces, en talents, au milieu des plaisirs. »

23. « Il me conduisit à Alger, et me vendit au dey de cette province. »

24. Cunégonde, Candide et la vieille abordèrent dans Buenos-Ayres.

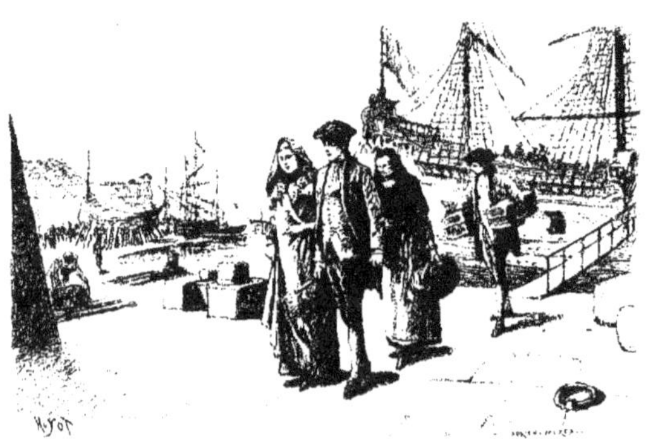

25. Il sella au plus vite les deux chevaux andalous.

26. « Il mit la main sur mon cœur et le sentit palpiter. »

27. Cacambo propose à son maître de manger et lui en donne l'exemple.

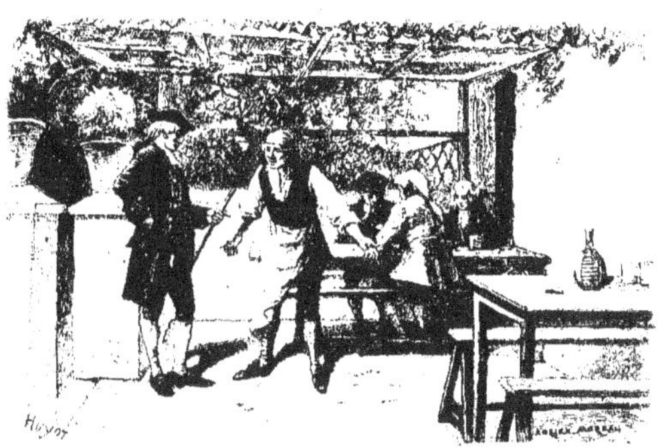

N° 35

28. Quelques enfants du village jouaient au palet à l'entrée du bourg.

29. Le vieillard reçut les deux étrangers sur un sofa matelassé de plumes de colibri.

30. Ils rencontrèrent un nègre étendu par terre.

31. En un moment le vaisseau fut englouti.

32. Candide et Martin causaient sur le vaisseau.

33. Il eut aussitôt auprès de lui deux médecins.

34. Quatre soldats lui tirèrent chacun trois balles dans le crâne.

35. Candide chercha Cacambo dans tous les cabarets de Venise.

36. Candide et Martin allèrent en gondole sur la Brenta.

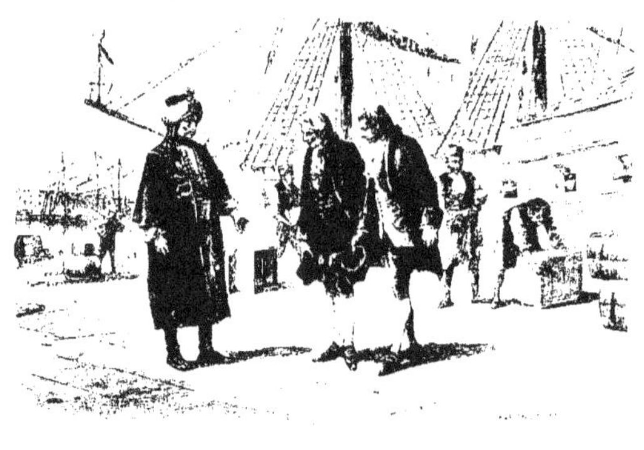

37. Un homme à visage couleur de suie l'aborda par derrière.

38. Candide et Martin se prosternèrent devant le sultan Achmet.

39. Un cadi me fit donner cent coups de bâton sous la plante des pieds.

40. **Cunégonde et la vieille** étendaient des serviettes sur des
ficelles.

41. **Ils virent aborder** dans la métairie Paquette et frère
Giroflée.

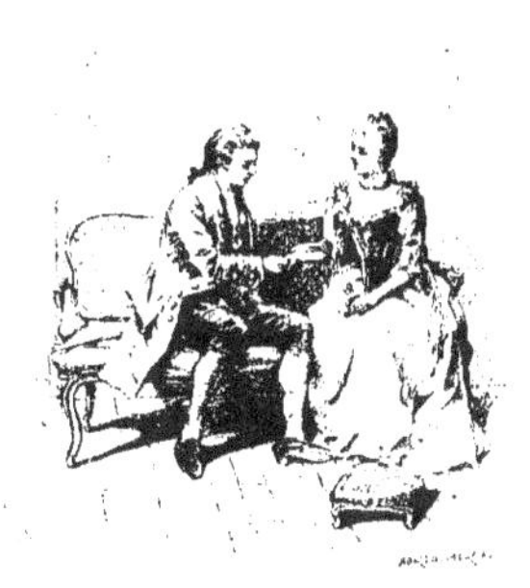

N 1.

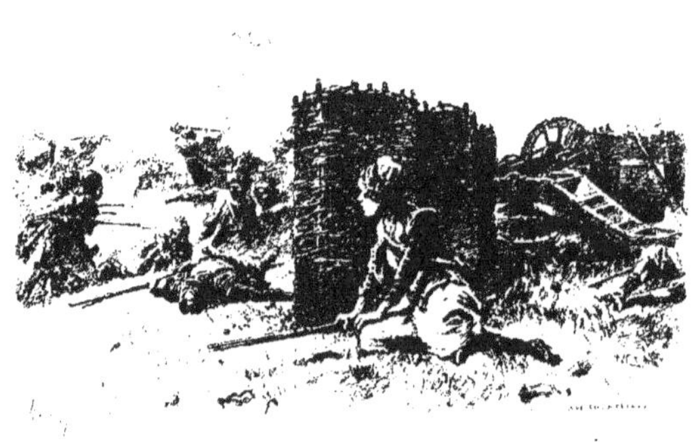

N° 11

Dessins

Dimensions diverses.

42. **Cunégonde** s'évanouit.

43. **Un brave chirurgien** guérit Candide en trois semaines

44. **Candide** se prosternant devant l'anabaptiste Jacques.

45. **Le vaisseau** fut assailli par la tempête.

46. **Le familier** fit un signe à son estafier qui servait à boire du vin de Porto.

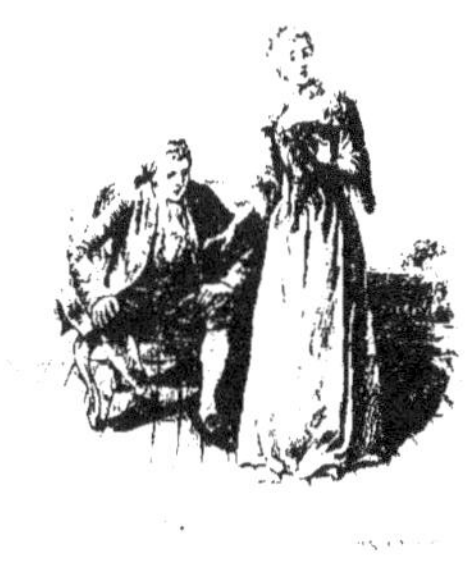

47. **Il s'en retournait,** se soutenant à peine, lorsqu'une vieille l'aborda.

48. **Candide** s'assit auprès de Cunégonde.

49. **Candide et Cunégonde** entendirent arriver le signor don Issachar.

50. **Un cabaret** au milieu des montagnes de la Sierra-Morena.

51. **La vieille** leur conta son histoire.

52. **Armes** mauresques.

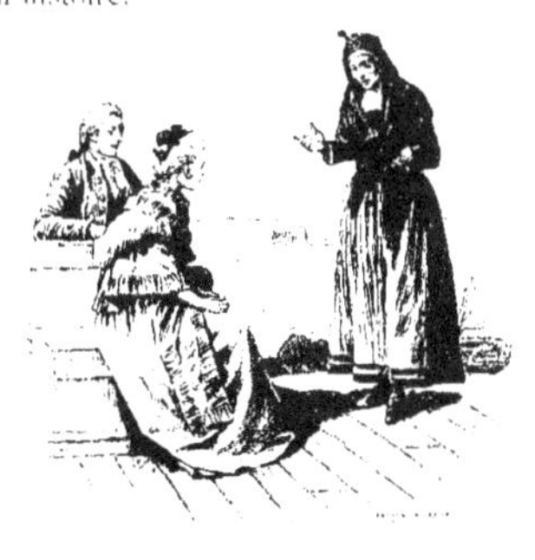

53. **La princesse** fut servante d'auberge.

54. **« Fuyez »**, lui dit la vieille.

55. **Candide** retrouve le frère de Cunégonde.

56. **Ils lancèrent** leurs chevaux au galop.

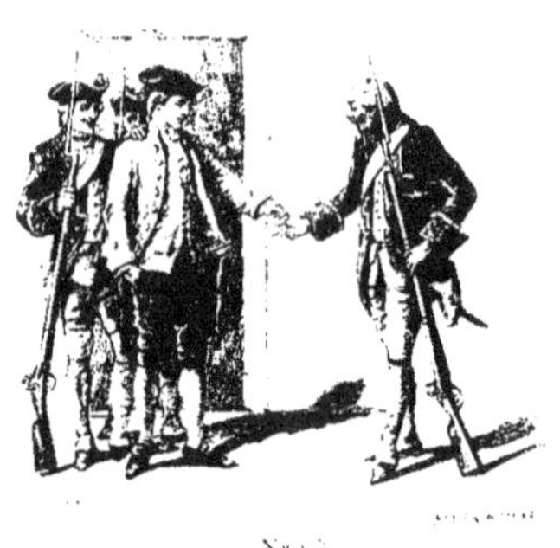

N° 63

57. **Guerriers Oreillons.**

58. **L'hôtelier** les reçut fort bien.

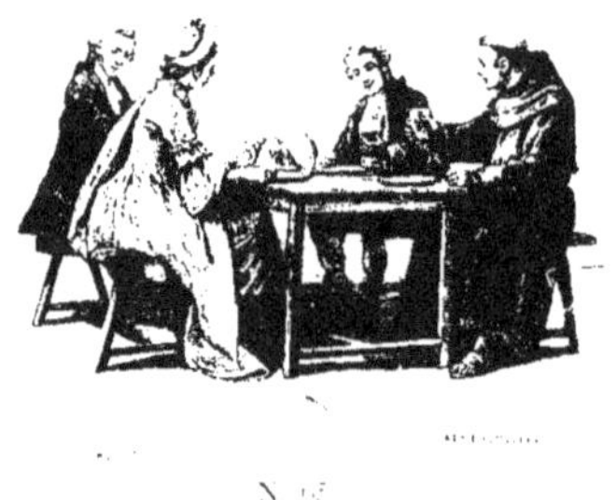

N° 65

59. **Ils furent hissés**, eux et leurs moutons, au haut de la montagne.

60. **Candide et Martin**

61. **Il aperçut** un mouton qui nageait.

62. **Allégorie.**

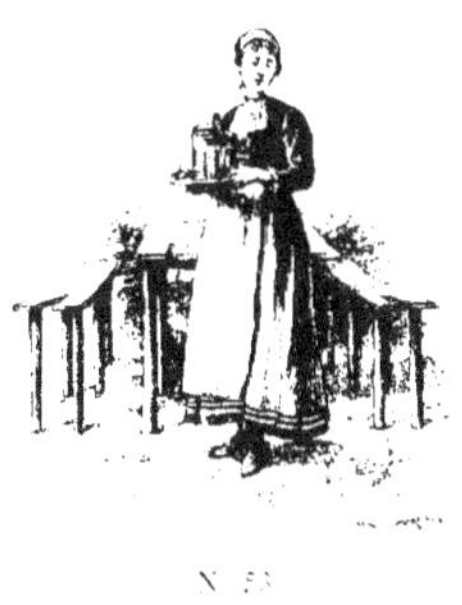

N. 53

63. **Candide** lui donna trois diamants.

64. **Candide et Martin** sur le bateau.

65. **Ils dinèrent** avec Paquette et frère Giroflée.

66. **Pococurante** leur fit voir sa bibliothèque.

67. **Attributs** du carnaval de Venise.

68. **Candide vendit** au juif plusieurs diamants.

69. **Pangloss se redressa** sous la douleur de l'incision cruciale.

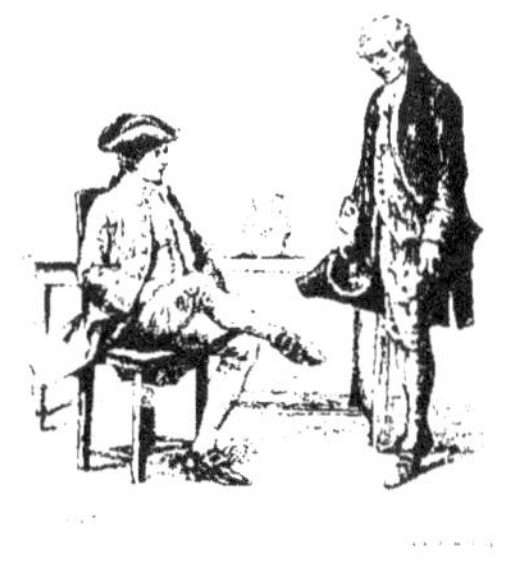

N. 69

70. **Cunégonde** se jeta à ses pieds et les baigna de larmes.

71. **Candide** cultivant son jardin.

72. La Satire.

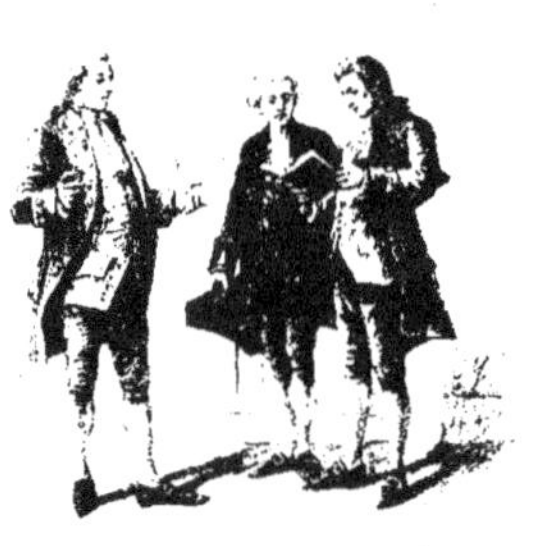